Alexander

# SCRIABIN

## EIGHT ETUDES

Opus 42

FOR PIANO

K 03942

Kalmus

# ETUDE No. 1

**Presto** M.M. ♩= 192-200

A. Scriàbine, Op. 42

ff
dim.
f
dim.
p

cresc.
f p
p
pp
cresc.
dim

cresc.
poco a poco
ff
dim
f
dim.
p

prestissimo
pp
pp
l. h.

# ETUDE No. 2

A. SKRYABIN, Op. 42

dim.
p
pp
smorz.
2
Presto
ppp
ppp

# ETUDE No. 3

**Prestissimo** M.M. ♩. = 76

A. SKRYABIN, Op. 42

ppp
poca cresc.
p
dim.
ppp

pochiss. cresc.
ppp

# ETUDE No. 4

A. SKRYABIN, Op. 42

p
cresc.
f rubato
poco accel.
dim. rit.
p
cresc.

pp
dolcissimo
cresc.
mp
dim.
pp
smorz.
Ped.

# ETUDE No. 5

**Affanato** M.M. ♩. = 84.

A. SKRYABIN, Op. 42

ppp
cresc.
f

f
p

cresc.
poco
a
poco
cresc.
cresc.
ff

dim.
f
f

ff
f
ff
dim.
p dim.
pp

# ETUDE No. 6

**Esaltato** M.M. ♩=100.

A. SKRYABIN, Op. 42

f
p
pp

cresc.
f
dim.
cresc.
f
dim.
p
5

poco cresc.
dim.
poco cresc.
dim.
accelerando
p

# ETUDE No. 7

A. SKRYABIN, Op. 42

**Agitato** M.M. ♩ = 126

f
pp
cresc.
pp
cresc.

# ETUDE No. 8

**Allegro** M.M. ♩ = 126.

A. SKRYABIN, Op. 42

poco cresc.
mf
3

p
cresc.
p
f
dim.
pp

Kalmus